ビジネス文書作成実習

古川　直子 著

職業訓練法人Ｈ＆Ａ

◇ 発行にあたって

　当法人では、人材育成に係る教材開発を手掛けており、本書は愛知県刈谷市にあります ARMS 株式会社（ARMS 研修センター）の新入社員研修を進行する上で使用するテキストとして編集いたしました。

　ARMS 研修センターの新入社員研修の教育プログラムでは、営業コースをはじめ、オフィスビジネスコース、機械加工コース、プレス溶接加工コース、樹脂加工コースなど全 18 種類の豊富なコースを提供しております。また、昨今の新型コロナウイルス感染拡大を受け、Zoom※でのネット受講でも使用できるように、できる限りわかりやすくまとめましたが、対面授業で使用するテキストを想定しているため、内容に不備があることもございます。その点、ご理解をいただければと思います。

　本書では新入社員研修の内容をご理解いただき、日本の将来を背負う新入社員の教育に役立てていただければ幸いです。

　最後に、本書の刊行に際して、ご多忙にもかかわらずご協力をいただいたご執筆者の方々に心から御礼申し上げます。

2021 年 3 月
職業訓練法人　H&A

※Zoom は、パソコンやスマートフォンを使って、セミナーやミーティングをオンラインで開催するために開発されたアプリです。

本書で使用するデータ（word・Excel）は以下の URL、または右の QR コードよりダウンロードをお願いします。

https://www.sankeisha.com/h-a/1/

◇ 目次

第1章　ビジネス文書

第2章　ビジネス文書の作成

第3章　効率的な表作成

第4章　レイアウトの工夫

第5章　差し込み印刷

第 1 章

ビジネス文書

■　ビジネス文書とは

１．ビジネス文書の概要

　ビジネス文書とは、企業や団体が業務で扱う文書のことです。紙媒体はもちろん、電子メールも含まれます。

　作成したのは個人であっても、発信されれば会社や組織の公式文書として扱われ、その文書に対する評価がビジネスに大きな影響を及ぼします。

２．ビジネス文書の役割

　業務情報は、関係者に対し正確な伝達が必要です。「話しことば」での伝達は、言い違い、聞き違い、不明確な記憶、証拠が残らない、など様々な問題が起きがちです。そこで文書化することにより、情報を正確に多くの人に伝達することができ、さらに「確認」と「保存」が可能になるのです。

３．ビジネス文書の種類

　ビジネス文書は大きく分けて社内文書と社外文書に分けることができます。社内文書は、社内で受発信する文書で社内向けの伝達事項に使用します。

　社外文書は、取引先などの外部に向かって発信し、企業の意向を表します。同じビジネス文書であっても、社内文書と社外文書では目的や役割に大きな違いがあり、形式や文書表現なども異なります。

　その他、契約書や覚書のような法廷文書と呼ばれるものも、ビジネス文書に含まれます。

４．社外文書作成の留意点

① **書式**

　　用紙は、原則として A4 縦置きで使用。文字の方向は儀礼的なもの以外は横書き。

　　ただし、下記の文書は縦書きにすることが多い。

　　　✧　辞令

　　　✧　役員就任

　　　✧　贈答

❖　年賀などの挨拶

❖　祝辞・弔辞

❖　法令などで特に定められているもの

② **簡潔・的確**

必要なことを要領よくまとめる。事実と意見などを明確に区別し、分かりやすく記すこと。

③ **日時、受・発信者を明記**

受信者・発信者、日時、場所、数字など正確に明記する。

価格や個数など、数に関する事項は特に注意する。

④ **敬称**

【敬称の意味と例】

称	意味	例
様	最も一般的	総務部長　山田　太郎　**様**
殿	官公庁での使用が多い	総務部長　**殿**
各位	複数の相手を対象とするときに使用	社員　**各位**
御中	会社・組織・機関に使用	名古屋株式会社　**御中**

⑤ **客観的**

個人的な意見、判断にかたよらない。

⑥ **1文書1件**

1つの文書には、1つの内容を書く。用紙もなるべく1枚でまとめる。どうしても複数枚になる場合はページ番号を付け、左上をホチキスで閉じる。

⑦ **複写を取る**

内容の記録、取引上の証拠として、複写を手元に残す。「控え」「写し」など、複写であることを明記する。

５．社外文書の基本的なフォーマット

文書番号 K-2021-02-013　　①
令和3年4月15日

名古屋株式会社　　②
　総務部長 愛知 一郎 様

株式会社 人材育成 A to Z　　③
営業部長 高田 大介

見積書ご送付のお知らせ　　④

頭語

拝啓　麗春の候、貴社ますますご盛栄のこととお慶び申し上げます。平素は格別のご高配を賜り、⑤
厚く御礼申し上げます。

　さて、4月13日(火)にお問い合わせいただきました件につきまして、別添のとおり見積書及び
関係資料をお送りいたします。よろしくご査収のほどお願いいたします。

結語　敬具

記書きの頭語　記

送付書類 全3部
　（内訳）　　1、御見積書　　　　　　1通
　　　　　　2、商品説明書　　　　　1部　　⑥
　　　　　　3、納品条件について　　1部

記書きの結語　以上

担　当　：営業部 マーケティング課 田中 花子
電　話　：052-123-4567
メール　：h.tanaka@human.atoz.co.jp　　⑦

① 発信番号・日付

文書番号付与のルールが会社ごとに定められているのでそのルールに従って番号を振る。発信番号を省略する場合もあるが、付与の目的としては「発信文書の管理」「文書改ざん防止」「正式文書としての信頼性」が挙げられる。番号が右肩で揃うようインデントで調整する。

日付が文書番号と同じ位置になるようインデントで位置を揃える。自動入力される日付＝作成日ではなく、発信日を入力する。

西暦か和暦か、会社の方針に従う。官公庁は和暦で統一されているので官公庁向け文書は和暦を利用することも多い。

② 受信者名

左揃えで入力する。また、次の点に注意する。

会社名は正式名称を用いる。株式会社を(株)などとしない。これは郵便の宛名書きの際も同じ。

原則、役職名と個人名を併記する。9ページを参照の上、適切な敬称を用いること。受信者名が分からない場合は「総務部長様」などとする。

③ 発信者名・印

発信者は原則として所属長とするが、宛名の役職とのバランスを考慮する場合もある。組織名が1行で入る位置にインデントで調整する。

発信者印は、会社所定の社用印章を押印する。ない場合には認印を押印する。日付印は用いない。

【社印だけを押す場合】 会社名のすぐ後ろ又は、会社名の後半にかかるように押す。

ABC 株式会社 □

ABC 株式会社

【社印と職印を押す場合】 社印は会社名の真ん中又は、やや右寄りに押し、職印は不正使用を避けるため、名前の最後の文字にかかるように押す。

ABC 株式会社
代表取締役　愛知　太郎

④　**表題**

　発信者の下に一行程度空けて中央揃えで入力する。次の点に注意。

　文書の趣旨が分かりやすい簡潔な表現にする。

　本文より大きなフォントを利用し、さらに太字、アンダーライン付きにすることが多い。
文字数は 20 字以内が好ましい。

　社外向けの文書である場合は「〜のご案内」のように丁寧な表現にする。

⑤　**本文**

　表題の下に 1 行程度空けて入力する。

【前文】「拝啓」などの頭語を入力。頭語は字下げせず、左端に揃えて書き始める。頭語
　　　　の後、一文字分空けて時候の挨拶、安否の挨拶、感謝の挨拶を入れる。テンプレ
　　　　ートを利用するとよい。

【主文】前文の後改行し一文字分字下げして「さて」「この度は」などという書き出しで
　　　　要件の主旨を簡潔に入力する。

【末文】主文の最後に改行し、「〜お願い申し上げます」といった文章で締めくくる。

【結語】頭語に対応する「敬具」などの結語を右揃えで入れる。

⑥　**記書き**

　主文の下に 1 行ないし 2 行空けて、「記」と中央揃えで入力する。

　「記」の下に 1 行空け、箇条書きで必要項目を左揃えで入力する。

- ・　　必要項目の具体的な内容を「簡潔」に「正確」に「もれなく」入力する。
- ・　　添付資料など補足的な情報を追加するときは、箇条書きの下に一行程度空けて
　　　入力する。

⑦　**担当者**

　最後に担当者名と連絡先を入力し、内容が 1 行で入る右端位置にインデントで調整する。

　先方の問い合わせ便宜を考慮し、部署名・氏名・内線番号・メールアドレスなどを入れ
る。

第 2 章

ビジネス文書の作成

01 Wordの画面構成

1．基本名称

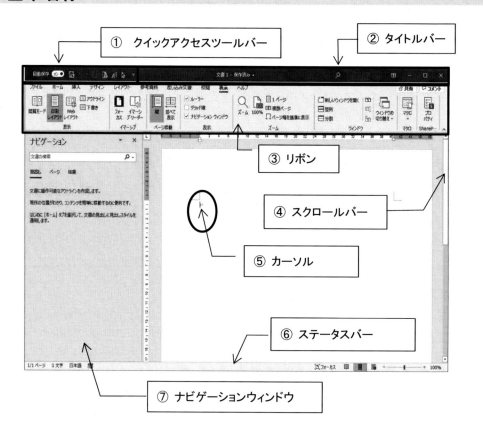

① クイックアクセスツールバー
② タイトルバー
③ リボン
④ スクロールバー
⑤ カーソル
⑥ ステータスバー
⑦ ナビゲーションウィンドウ

2．リボン

　リボンはWordで行うコマンドが表示される部分です。リボン内はグループという関連する作業ごとに分けられ、作業に使う小窓(ボタン)が配置されています。

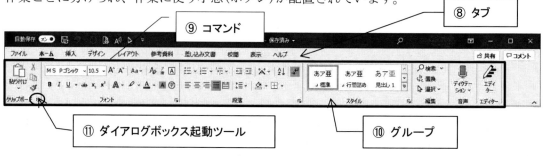

⑨ コマンド
⑧ タブ
⑪ ダイアログボックス起動ツール
⑩ グループ

①	クイックアクセスツールバー	使用頻度の高いコマンドを配置して簡単に利用するためのバーです。
②	タイトルバー	ファイル名やアプリケーション名などを表示するバーです。
③	リボン	機能別に分類されたボタンが表示されている領域です。
④	スクロールバー	ウィンドウをスクロールするためのバーです。ウィンドウに表示しきれないときにウィンドウの右側や下側に現れます。
⑤	カーソル	入力位置を示す点滅している縦棒記号のことです。
⑥	ステータスバー	Word の現在の応対や利用者へのメッセージなどが表示されるバーです。
⑦	ナビゲーションウィンドウ	作成中の文書が階層構造で表示されるウィンドウです。
⑧	タブ	タブをクリックするとリボンが切り替わります。
⑨	コマンド	個々の操作用のボタンです。リボンには、よく使うコマンドが表示されています。
⑩	グループ	リボン内の区切りをグループといいます。同じ種類や関連するコマンドがグループとしてまとまっています。
⑪	ダイアログボックス起動ツール	詳細設定のできるグループに表示されています。このボタンをクリックすると、グループに関連する全ての設定が行えるダイアログボックスが表示されます。

３．編集記号の表示・非表示

・（全角スペース）や↵（段落記号）などの記号を編集記号といいます。

編集記号は任意で表示、非表示の設定が可能です。表示されていても印刷はされません。

「ホーム」タブを選択する

① 「段落」グループの段落記号をクリックし、色付きの表示にする

② 編集記号が表示される状態になった

02 入力支援の利用

1．日付と時刻の挿入

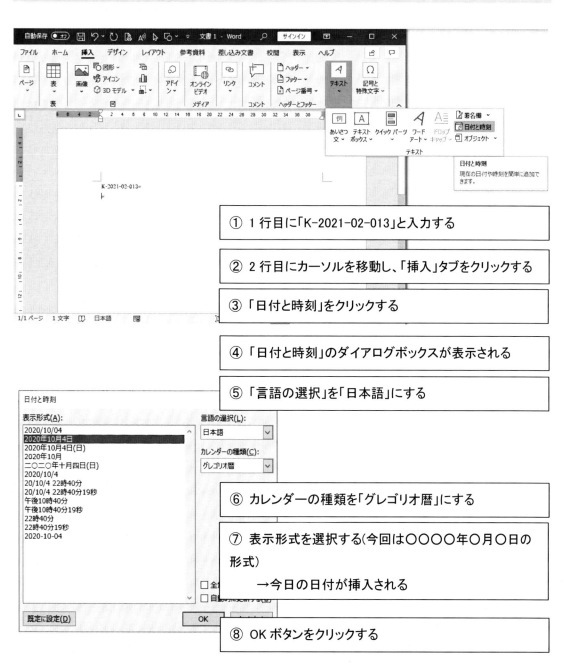

① 1 行目に「K-2021-02-013」と入力する

② 2 行目にカーソルを移動し、「挿入」タブをクリックする

③ 「日付と時刻」をクリックする

④ 「日付と時刻」のダイアログボックスが表示される

⑤ 「言語の選択」を「日本語」にする

⑥ カレンダーの種類を「グレゴリオ暦」にする

⑦ 表示形式を選択する(今回は〇〇〇〇年〇月〇日の形式)

　　→今日の日付が挿入される

⑧ OK ボタンをクリックする

日付が挿入された

２．あいさつ文の挿入

図の通りに入力する

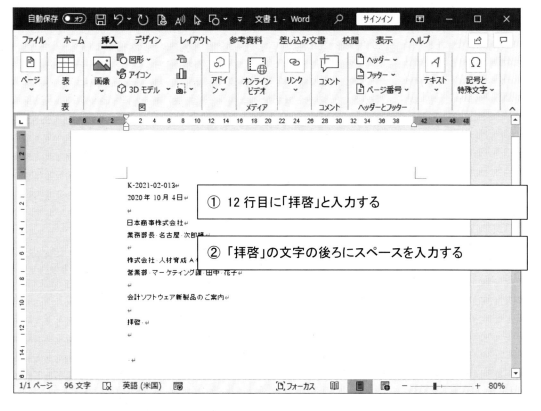

① 12 行目に「拝啓」と入力する

② 「拝啓」の文字の後ろにスペースを入力する

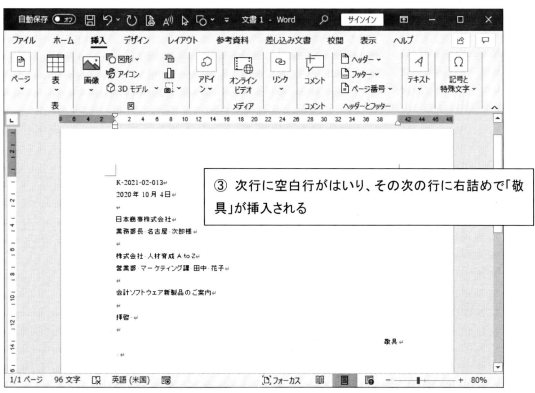

③ 次行に空白行がはいり、その次の行に右詰めで「敬具」が挿入される

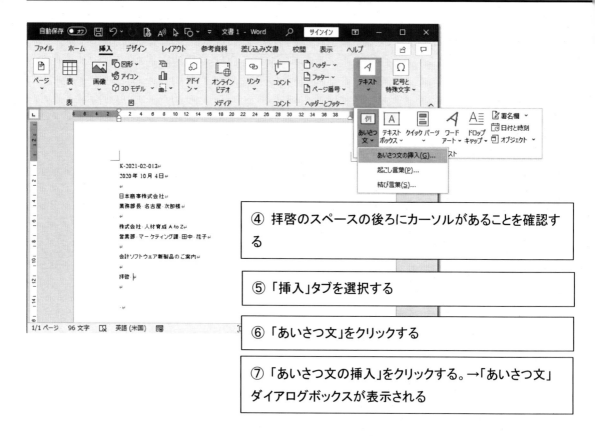

④ 拝啓のスペースの後ろにカーソルがあることを確認する

⑤ 「挿入」タブを選択する

⑥ 「あいさつ文」をクリックする

⑦ 「あいさつ文の挿入」をクリックする。→「あいさつ文」ダイアログボックスが表示される

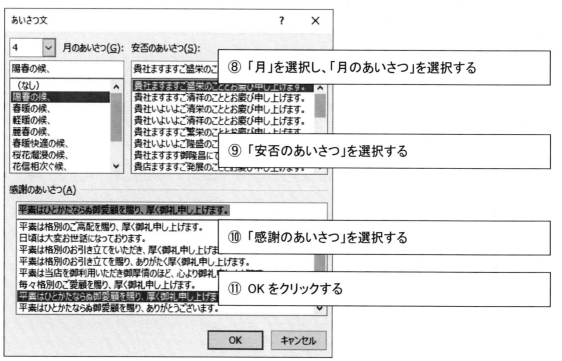

⑧ 「月」を選択し、「月のあいさつ」を選択する

⑨ 「安否のあいさつ」を選択する

⑩ 「感謝のあいさつ」を選択する

⑪ OK をクリックする

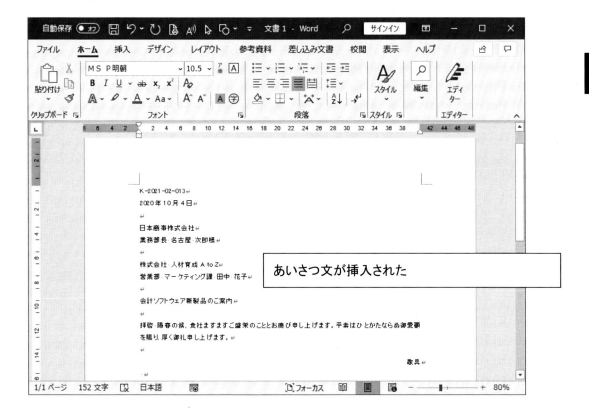

あいさつ文が挿入された

OnePoint

あいさつ文の挿入は、「あいさつ文」以外に、「起こし言葉」と「結び言葉」を入れることができます。起こし言葉とは話題を変えるために使われます。起こしの言葉のあとに「主文」がくるので、前文と主文を繋ぐ役割があります。

【起こし言葉の例】
さて / ところで / 実は / つきましては / 早速ですが ...など

ビジネス文書の末文は、「結び言葉」と「結語」で構成されます。結びの挨拶で用件の要旨をまとめ、結語の挨拶言葉で締めくくります。

【結び言葉の例】
まずは用件のみ

３．記書きの挿入

前項目で入力したあいさつ文の下に下記文章を入力しましょう。

「さて、このたび下記の通り会計ソフトの新製品を発売する運びとなりました。つきましては、パンフレットを同封いたしますので、是非、ご検討いただきたくご案内申し上げます。」

「敬具」の２行下(18 行目)に「記」と入力し、ENTER キーを押下しましょう。

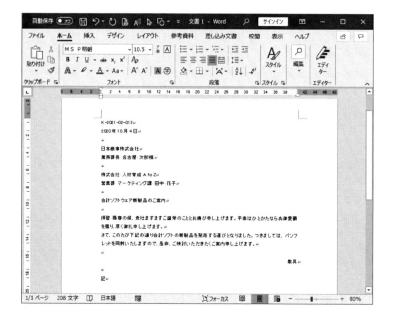

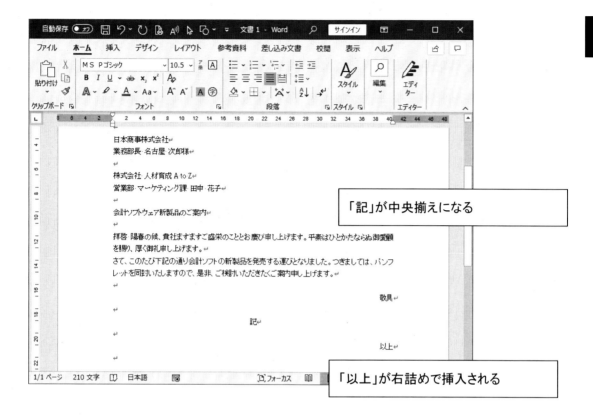

「記」が中央揃えになる

「以上」が右詰めで挿入される

OnePoint

記書きのルール

記書き（きがき）は、文書中で最も伝えたい部分を箇条書きにしたものです。

記書きは

- 文書が1ページで終わる場合にのみ使用する
- 「記」は行の中央に書き、1行空けて箇条書きを始める
- 最後は「以上」を右端に書いて締める

03　IMEパッドからの入力

　IME パッドとはマイクロソフト社の日本語入力や変換をサポートするアプリケーションです。IME パッドを活用すると読めない漢字などを入力する際に便利です。IME パッドに付属している文字コード表の中から文字を選択したり、マウスなどで直接手書きしたりすることで文字の入力ができます。

1. 手書き

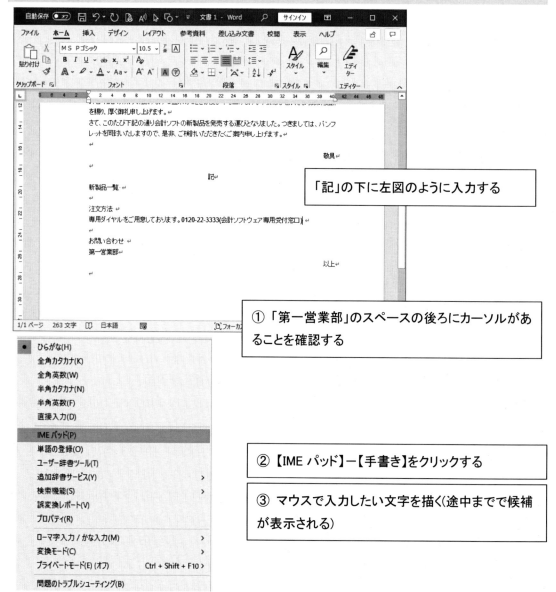

「記」の下に左図のように入力する

① 「第一営業部」のスペースの後ろにカーソルがあることを確認する

② 【IME パッド】-【手書き】をクリックする

③ マウスで入力したい文字を描く（途中までで候補が表示される）

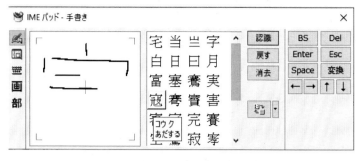

④ 候補の一覧からクリックで文字を選択する(今回「寇」)→文字が入力される

⑤ 残りの氏名(寇田 花子)を入力する。

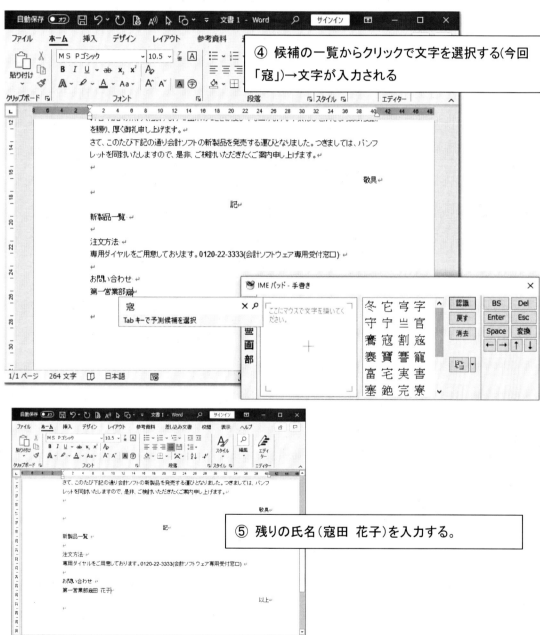

２．部首検索

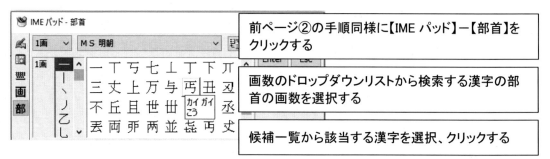

前ページ②の手順同様に【IMEパッド】ー【部首】を
クリックする

画数のドロップダウンリストから検索する漢字の部
首の画数を選択する

候補一覧から該当する漢字を選択、クリックする

総画数検索、記号や特殊文字などを文字一覧から探して入力することもできます。

その他 IME パッドではよく使う単語の辞書登録もできます。

例：読みが特殊な漢字 ／ 会社の住所 ／ メールアドレス ／

　下記の例では住所を「じゅうしょ」と入力することで登録された住所を郵便番号とともに入力できるようにしてあります。

04 文字単位の設定・書体と文字サイズ

　ビジネス文書において、表題は主文の内容を要約したものであり、視認性を高くしておく必要があります。視認性とは、目で見たときの確認のしやすさのことで、主文とは異なる書体で目立たせたり、文字サイズを大きくしてわかりやすくしたりします。表題の書体と文字サイズを変更してみましょう。Word で設定できる書式は「文字書式（フォントリボン)」「段落書式」「セクション書式」「ページ書式」があります。書体や文字サイズは、「文字書式」です。「文字書式」とは文字単位で設定ができる書式です。

1．書体の種類及びビジネス文書で好まれる書体

　一般に公的文書では明朝体が好まれます。字体が崩されていない、読みやすい、誤読を防ぐ、フォーマルな印象を与える、という効果があるためです。

ビジネス文書で好まれる 1234 の書体 ビジネス文書で好まれる 1234 の書体 **ビジネス文書で好まれる 1234 の書体** ビジネス文書で好まれる 1234 の書体	これらのフォントサイズはどれも同じですが、実際の表示されるサイズは異なります

実際の操作をしてみましょう。

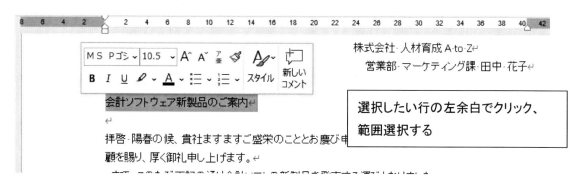

株式会社・人材育成 A-to-Z↵
営業部・マーケティング課・田中・花子↵

選択したい行の左余白でクリック、範囲選択する

会計ソフトウェア新製品のご案内↵

拝啓・陽春の候、貴社ますますご盛栄のこととお慶び申
顧を賜り、厚く御礼申し上げます。↵

27

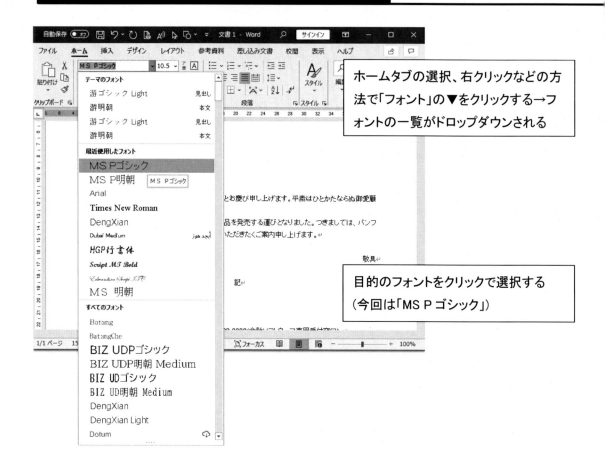

ホームタブの選択、右クリックなどの方法で「フォント」の▼をクリックする→フォントの一覧がドロップダウンされる

目的のフォントをクリックで選択する（今回は「ＭＳ Ｐゴシック」）

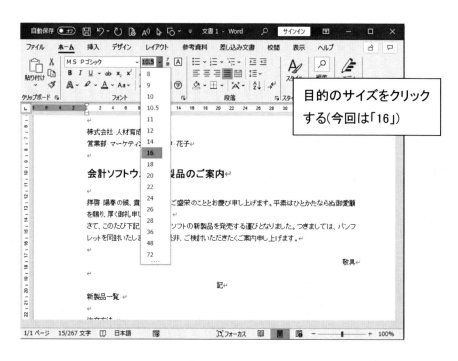

目的のサイズをクリックする（今回は「16」）

文字書式は他にも下記のような設定ができます。

「文字色」「太字」「斜字」「下線」「取り消し線」「上付き・下付き文字」

また、文字に「影」「３Ｄ」「蛍光ペン」などの効果を付加することもできます。

問題：記書きの項目のフォントを変更してみましょう

２．フォント設定による文字化け

外国語フォントを利用したために一部の文字だけ書体が揃わない現象。

日本語フォント　　外国語/フォント

印刷の際、印象が変わるフォントもあります。

OnePoint

【フォントサイズの単位】

　フォントサイズの単位は、ポイント(pt)です。ポイントとは、活字の大きさの単位で、日本のJIS規格では1ポイントは0.3514ミリと定められています。Wordにおいては、1ポイントは約0.35ミリであると紹介されています。Wordの初期設定のフォントサイズは、10.5ポイントです。

【リアルタイムプレビュー】

　Word2007からの新機能です。フォントサイズなどを確定する前にマウスでポイントするだけで確認できる機能です。

３．ルビ・囲み線

ルビは漢字の読み仮名を振る機能です。囲み線は株のように文字の周りを囲う機能です。

ルビの機能を使ってみましょう。

	男の子	女の子
1位	駿	美咲
2位	拓海	葵
3位	翔	七海

① 左の表を作成する

② 男の子の1位「駿」を選択

注：改行マークを含まないようにする

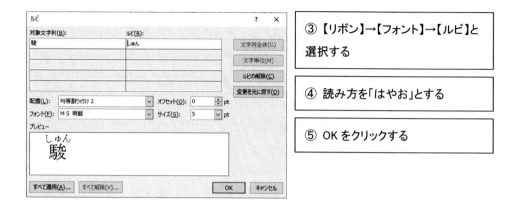

③【リボン】→【フォント】→【ルビ】と
選択する

④ 読み方を「はやお」とする

⑤ OK をクリックする

ルビは漢字以外にも振ることができます。

05 段落の書式設定・配置の変更

　段落単位で書式を設定すると、配置を中央揃えや右揃えなどに変更することができます。選択したい段落内にカーソルを移動させて設定しますが、複数段落を選択する場合には設定したい段落に選択がかかっていれば大丈夫です。

1．右揃え・左揃え・中央揃え

　表題を「中央揃え」に、1行目と2行目、7行目と8行目の段落を「右揃え」に変更してみましょう。

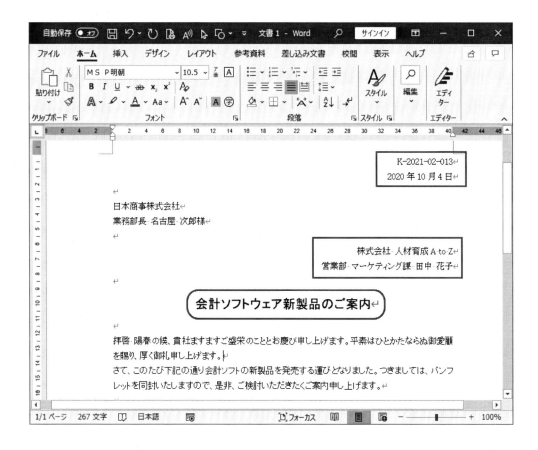

問題：担当者も右揃えにしてみましょう。

2．インデント

　左右の余白から、文字までの幅をインデントといいます。インデントは、段落単位に自由に変更が可能です。インデントを設定する際はルーラーが表示されていると便利です。

行頭の位置を変える＝左インデント

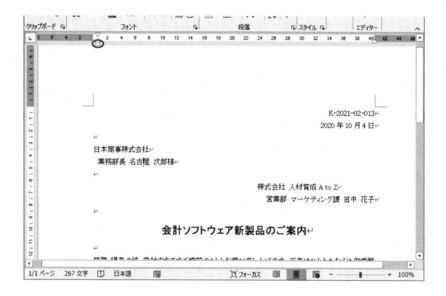

行末の位置を変える＝右インデント

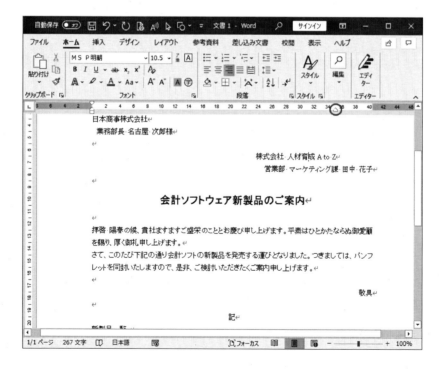

1行目だけ字下げする＝1行目のインデント

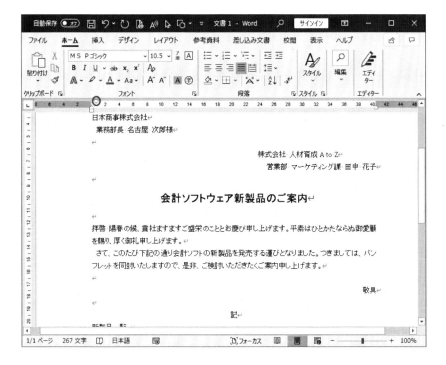

2行目以降を字下げする＝ぶら下げインデント

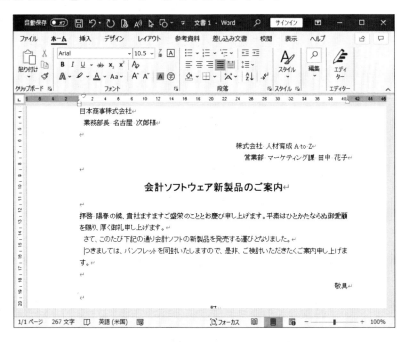

3．タブ・タブリーダー

インデントでは左端と右端の設定をしましたが、タブとタブリーダーを利用すると他の部分の位置揃えが可能になります。

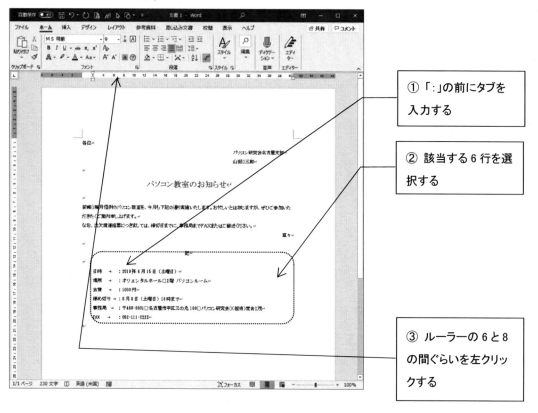

①「：」の前にタブを入力する

② 該当する6行を選択する

③ ルーラーの6と8の間ぐらいを左クリックする

※　タブはいくつでも設定できます。

※　その他中央揃えタブ、右揃えタブ、小数点揃えタブなどがあります。

問題：下記の数字を小数点揃えタブを使って揃えてみましょう。

235.45	235.45
1.2	1.2
1678.23	1678.23
3.1415298765	3.1415298765

4．組文字・文字の均等割り付け

多様なレイアウトを設定します。これらも「段落書式」に含まれる機能です。

- 組み文字は数文字を組み合わせます。【段落】-【拡張書式】
  -【組み文字】と選択して設定します。

組み　株式 文字　会社

- 文字の均等割り付けは一定の幅に文字を収めたい時に使います。文書のタイトル
  等、幅を持たせるものに利用します。

| 一定の幅に文字を収める | 11 文字分 |

| 一　定　の　幅　に　文　字　を　収　め　る | 16 文字分 |

【段落】-【均等割り付け】を選択し、何文字の幅に収めるか決定します。

5．行間・段落間幅

「行間」は一行ごとの間隔、「段落間隔」は段落ごとの間隔を設定します。

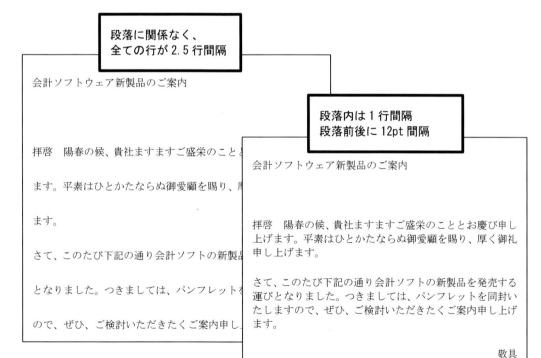

設定は、【段落】-【行と段落の間隔】を選択し、必要な数字を選択します。

注意：デフォルトの設定では「1ページの行数を指定時に文字を行グリッドに合わせる」がONになっているため希望する間隔にならない場合があります。特に狭い設定を希望する場合はチェックを外して設定しましょう。

OnePoint

範囲選択 のいろいろ

単位	操作
任意の範囲	選択部分をドラッグ。
広範囲の選択	始点でクリック→終点までShiftキーを押しながらクリック。
離れた範囲の選択	1つ目を選択。2つ目以降はCtrlキーを押しながら選択。
単語	選択する単語上でダブルクリック。
1文(。まで)	選択する文上でCtrlキーを押しながらクリック。
1行	選択する行の左余白でクリック。
複数行	選択する行の左余白をドラッグ。
位置の離れた行	Ctrl+選択する行をクリック。
段落	選択する段落の左余白でダブルクリック。
文書全体	左余白でトリプルクリック(あるいはCtrlキー+A)。
範囲選択の解除	マウス操作:マウスポインタがIの形になったところで、クリックする。キーボード操作:方向キー(→←)を押す。
一定の範囲の文字列を四角く選択する	選択する部分でAltキーを押しながらドラッグ。

OnePoint

F4キーを押すと直前の操作を繰り返すことができます。ですから、文書編集は、同じ操作をまとめて行うと効率的です。

06 段落の書式設定・段落番号

1．段落番号

　段落番号とは、段落の先頭に「1.」「2.」「3.」のように連続した数字がついているものです。記書きの項目名に段落番号をつけてみましょう。

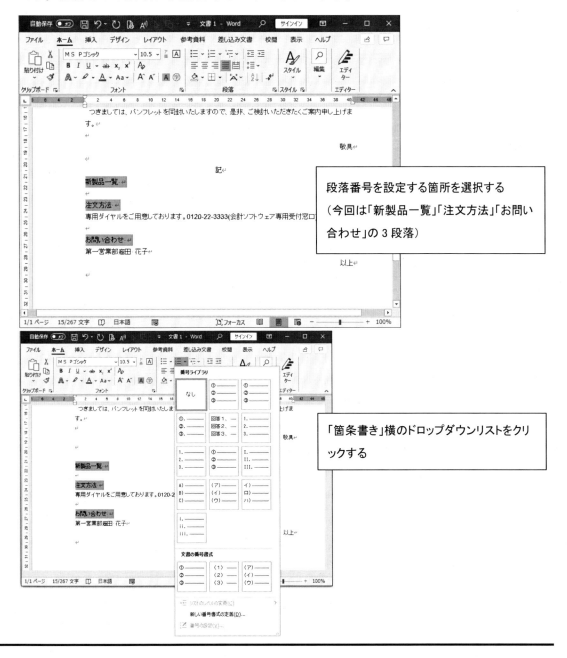

段落番号を設定する箇所を選択する
（今回は「新製品一覧」「注文方法」「お問い合わせ」の 3 段落）

「箇条書き」横のドロップダウンリストをクリックする

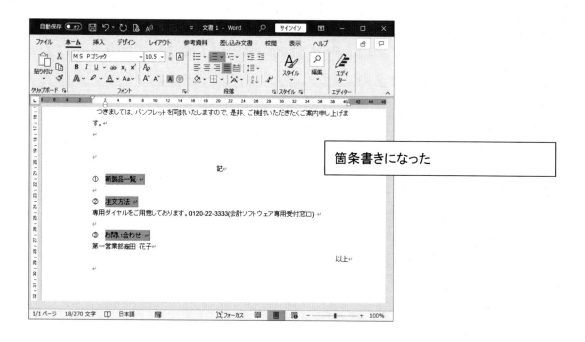

箇条書きになった

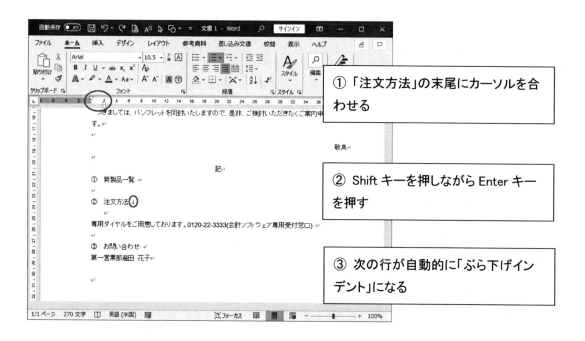

① 「注文方法」の末尾にカーソルを合わせる

② Shift キーを押しながら Enter キーを押す

③ 次の行が自動的に「ぶら下げインデント」になる

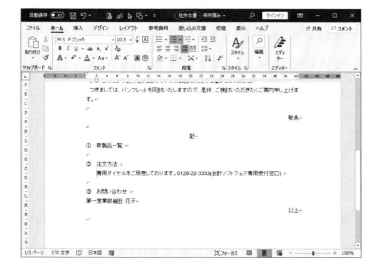

2．箇条書き

　箇条書きとは、段落番号の代わりに記号を付加できる機能です。上記のやり方を基に記書きの項目名を箇条書きに変更してみましょう。

3．アウトライン

　アウトラインの特徴は何といっても全体の構成を確認しやすくなることです。ボリュームのある文章で力を発揮します。
・段落ごとにレベルを設定できる
・レベルに応じて折り畳みができるので、文章の全体像を把握しやすい
・文章のまとまりを、上下に移動しやすい
・図形が表示されないので文章内容に集中できる
・レベルの設定を維持した状態で、パワーポイントでインポートすることができる
・目次機能で使用される

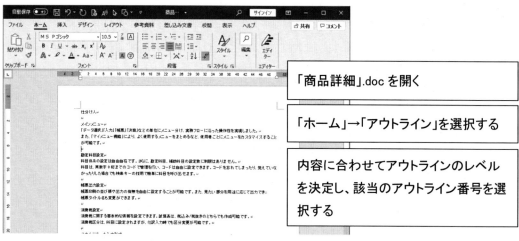

「商品詳細」.doc を開く

「ホーム」→「アウトライン」を選択する

内容に合わせてアウトラインのレベルを決定し、該当のアウトライン番号を選択する

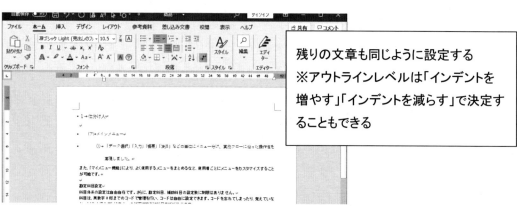

残りの文章も同じように設定する
※アウトラインレベルは「インデントを増やす」「インデントを減らす」で決定することもできる

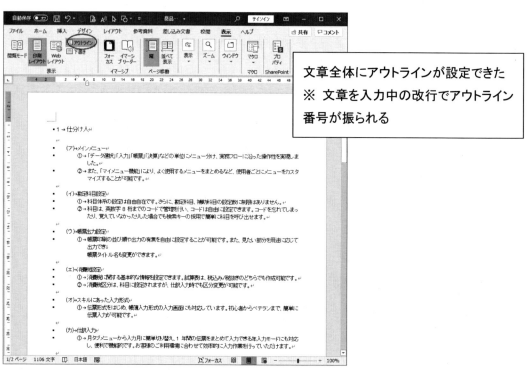

文章全体にアウトラインが設定できた
※ 文章を入力中の改行でアウトライン番号が振られる

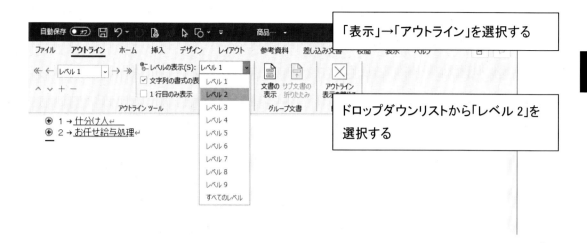

「表示」→「アウトライン」を選択する

ドロップダウンリストから「レベル 2」を選択する

「レベル 2」までが表示される

07　ページの書式設定

　ビジネス文書を作成する目的は様々ですが、重要なことは「読む人にとって分かりやすい文書」であることです。そのために前項で述べた通り書式設定やレイアウトを工夫する必要があるのです。それは、単にきれいに見せるためではなく、読み手に対し、文書をナビゲートするための配慮なのです。Word で新規文書を作成すると、あらかじめ決められたページ設定で白紙のページが用意されますが、必要に応じてページ設定を変更してみましょう。

1．用紙サイズ・余白

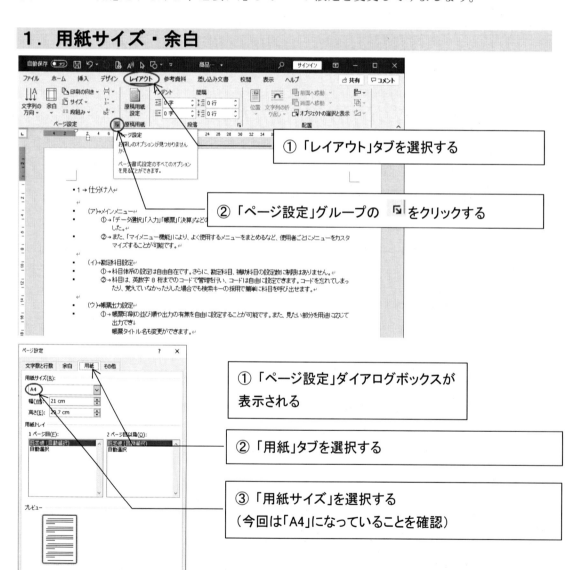

① 「レイアウト」タブを選択する

② 「ページ設定」グループの ⤵ をクリックする

① 「ページ設定」ダイアログボックスが表示される

② 「用紙」タブを選択する

③ 「用紙サイズ」を選択する
（今回は「A4」になっていることを確認）

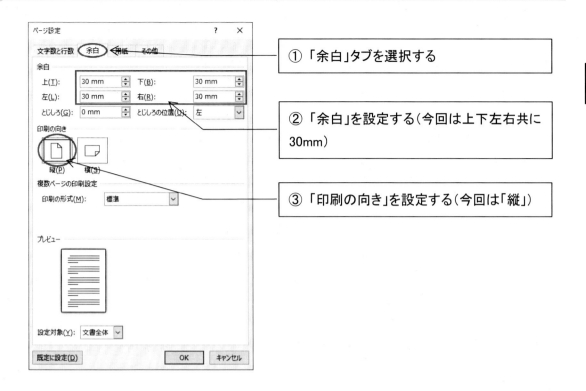

① 「余白」タブを選択する

② 「余白」を設定する（今回は上下左右共に30mm）

③ 「印刷の向き」を設定する（今回は「縦」）

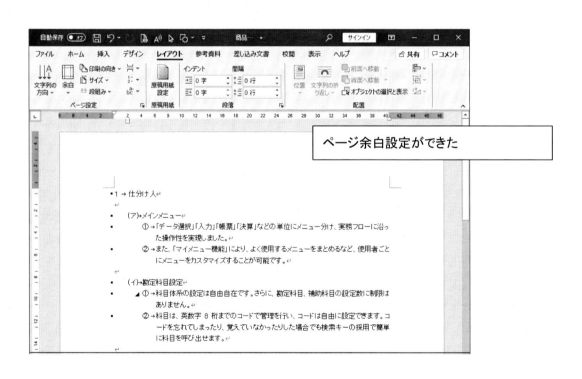

ページ余白設定ができた

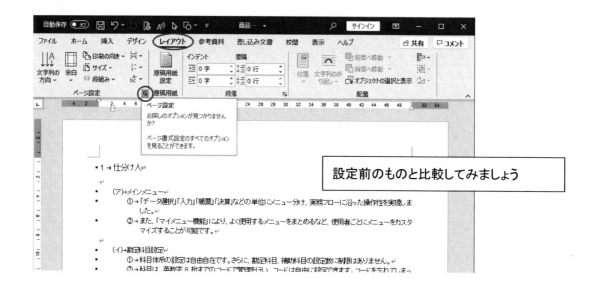

設定前のものと比較してみましょう

2．縦書き・横書き

　縦書きはただ文字の向きを上から下へ送るだけのものと、文字の向きも 90°変えるものとがあります。単純に「縦書き」に変更するだけでは文字の向きが間違って配置されてしまいます。

縦書き
12345
1
2
3
4
5

縦書き
12345
1 2 3 4 5

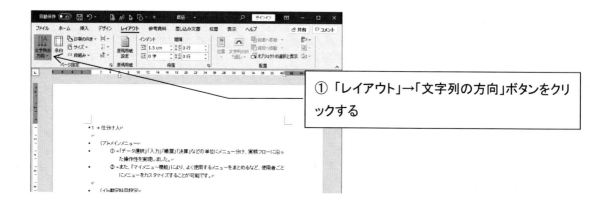

① 「レイアウト」→「文字列の方向」ボタンをクリックする

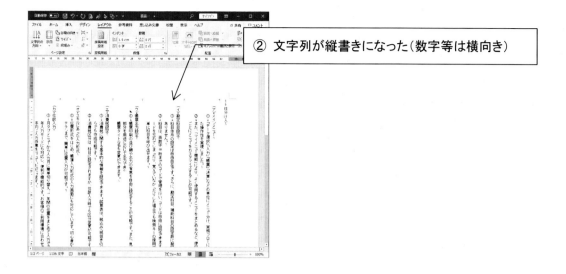

② 文字列が縦書きになった（数字等は横向き）

この問題を解決するには、

1．「段落」タブ→「拡張書式」→縦中横を適用する

2．縦書き用のフォントを導入する

3．数字を全角で表記する

などの方法があります。縦書きにふさわしい設定を工夫しましょう。

3．文字数・行数・フォント

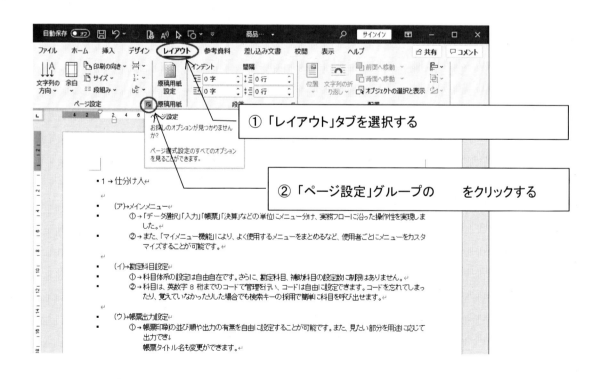

① 「レイアウト」タブを選択する

② 「ページ設定」グループの　　をクリックする

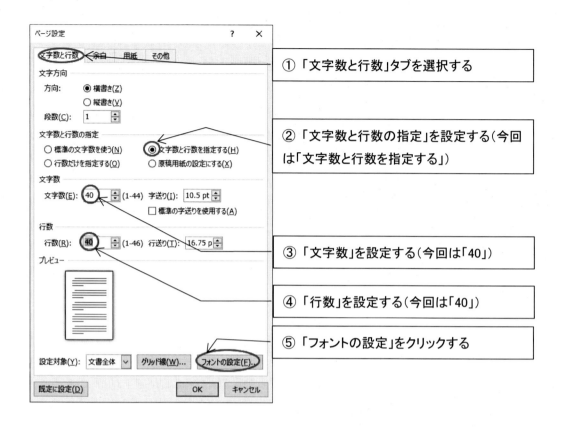

① 「文字数と行数」タブを選択する

② 「文字数と行数の指定」を設定する（今回は「文字数と行数を指定する」）

③ 「文字数」を設定する（今回は「40」）

④ 「行数」を設定する（今回は「40」）

⑤ 「フォントの設定」をクリックする

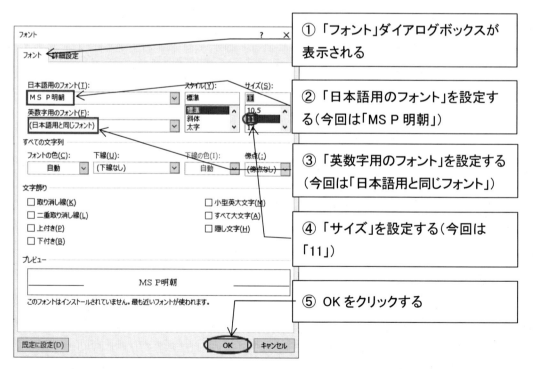

① 「フォント」ダイアログボックスが表示される

② 「日本語用のフォント」を設定する（今回は「MS P 明朝」）

③ 「英数字用のフォント」を設定する（今回は「日本語用と同じフォント」）

④ 「サイズ」を設定する（今回は「11」）

⑤ OK をクリックする

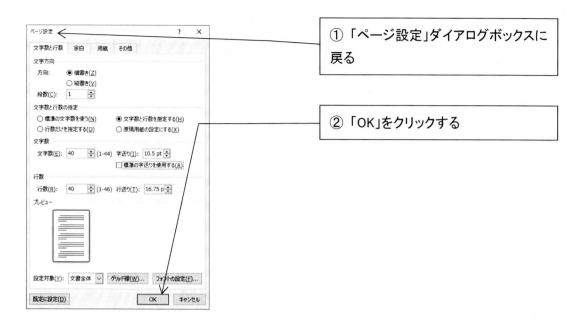

①「ページ設定」ダイアログボックスに戻る

②「OK」をクリックする

　このように、文書全体のフォントやサイズをあらかじめ決定し、必要な部分だけ変更することで書式が統一された美しい文書を作成することができます。

　ページ設定は「レイアウト」タブのほか、「ファイル」タブの「印刷」からも表示することが可能です。

08 セクションの書式設定

前項では文書全体の設定について学びました。しかし、長大な文書の場合最初から最後まで同じ設定では読み手の興味が薄れてしまうかもしれません。ここでは「セクション」とその設定について学びます。

1．レイアウトの工夫・用紙のサイズ・余白の設定

レイアウトの工夫

セクションとは、一つの文書の中で一部分だけ設定を変える区切りのことです。ページのレイアウトと書式設定のオプション（行番号、段組み、ヘッダーとフッターなど）を個別に設定できます。レイアウトに工夫を入れることで読み手の理解を促します。

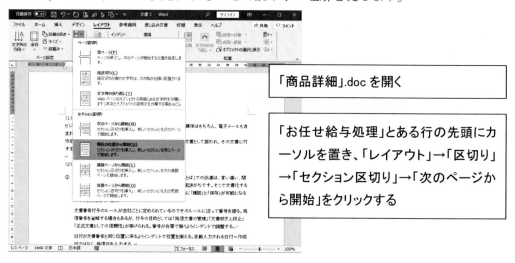

「商品詳細」.doc を開く

「お任せ給与処理」とある行の先頭にカーソルを置き、「レイアウト」→「区切り」→「セクション区切り」→「次のページから開始」をクリックする

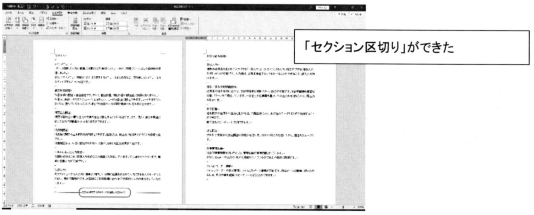

「セクション区切り」ができた

用紙のサイズ・余白の設定

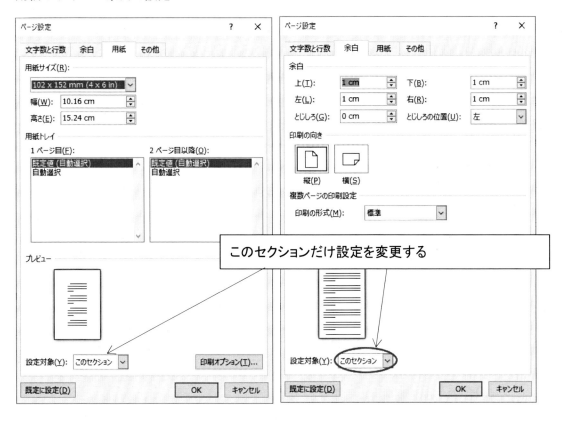

このセクションだけ設定を変更する

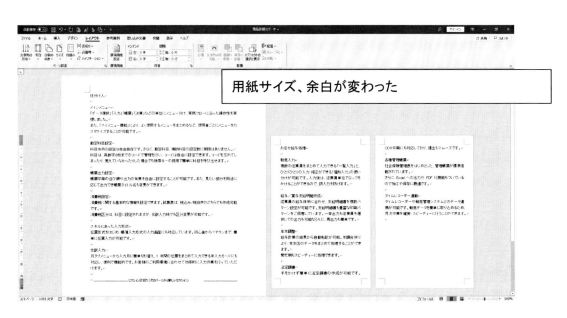

用紙サイズ、余白が変わった

２．縦書き・横書き

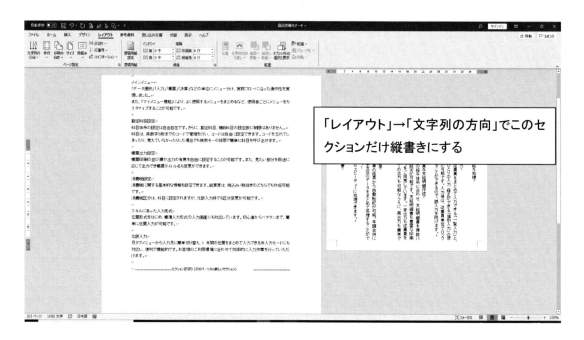

「レイアウト」→「文字列の方向」でこのセクションだけ縦書きにする

３．セクション区切り

ページ単位ではなく、特定の場所からセクション区切りを開始することもできます。

一旦セクション区切りを削除し、「A4サイズ横書き」「余白30mm」に設定し直す

「お任せ給与処理」とある行の先頭にカーソルを置き、「レイアウト」→「区切り」→「セクション区切り」→「現在の位置から開始」をクリックする

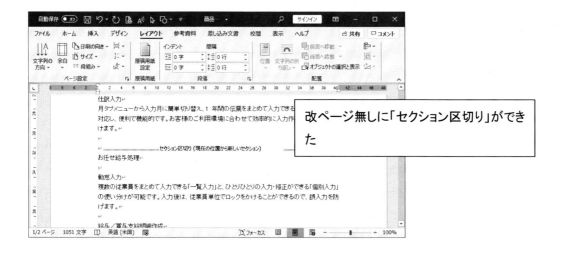

改ページ無しに「セクション区切り」ができた

4．段組み

　段組みを用いて一行あたりの文字数を減らすことで、フォントが小さい場合でも読み手を疲れさせない効果を得られます。また、図版の挿入がしやすくなるというメリットもあります。

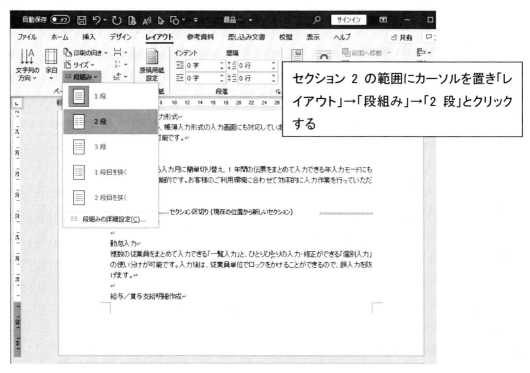

セクション 2 の範囲にカーソルを置き「レイアウト」→「段組み」→「2 段」とクリックする

51

ビジネス文書の作成

2

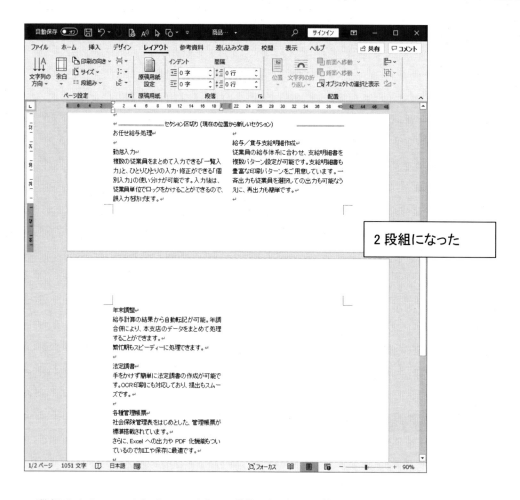

2段組になった

段組みをしている部分での改行は「段区切り」を使用します。

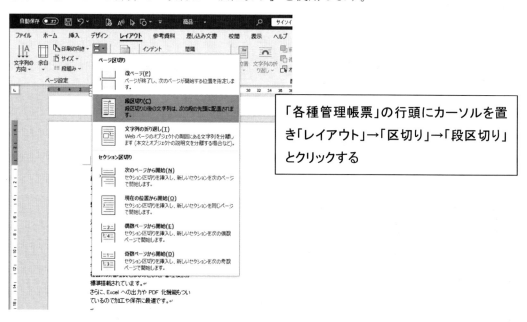

「各種管理帳票」の行頭にカーソルを置き「レイアウト」→「区切り」→「段区切り」とクリックする

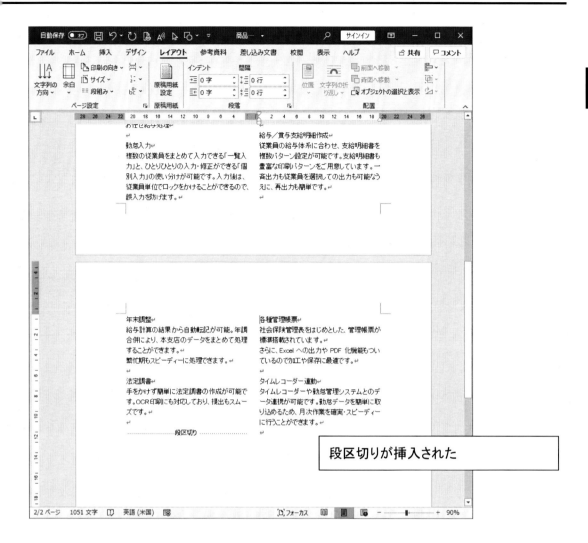

の止と給与処理

勤怠入力
複数の従業員をまとめて入力できる「一覧入力」と、ひとりひとりの入力・修正ができる「個別入力」の使い分けが可能です。入力後は、従業員単位でロックをかけることができるので、誤入力を防げます。

給与／賞与支給明細作成
従業員の給与体系に合わせ、支給明細書を複数パターン設定が可能です。支給明細書も豊富な印刷パターンをご用意しています。一斉出力も従業員を選択しての出力も可能なうえに、再出力も簡単です。

年末調整
給与計算の結果から自動転記が可能。年調合併により、本支店のデータをまとめて処理することができます。繁忙期もスピーディーに処理できます。

各種管理帳票
社会保険管理表をはじめとした、管理帳票が標準搭載されています。
さらに、Excel への出力や PDF 化機能もついているので加工や保存に最適です。

法定調書
手をかけず簡単に法定調書の作成が可能です。OCR印刷にも対応しており、提出もスムーズです。

タイムレコーダー連動
タイムレコーダーや勤怠管理システムとのデータ連携が可能です。勤怠データを簡単に取り込めるため、月次作業を確実・スピーディーに行うことができます。

........................段区切り........................

段区切りが挿入された

2/2 ページ　　　1051 文字　　　英語 (米国)　　　　　　　　フォーカス　　　　　　　　　　　　90%

2

ビジネス文書の作成

53

５．偶数ページと奇数ページ

　偶数ページと奇数ページで異なる設定にすることができます。

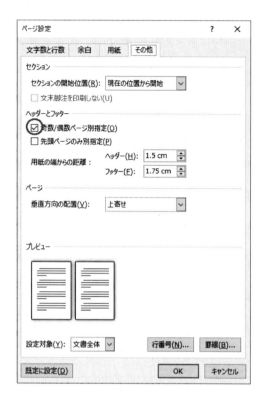

「ビジネス文書の概要」.doc を開き、ページ設定ダイアログボックスを起動し、【その他】タブをクリック

【ヘッダーとフッター】内の「奇数/偶数ページ別指定」にチェックを入れる

　「見開きページ」の設定で、内側の余白を 30mm に、外側の余白を 15mm に変更してみましょう。

６．ヘッダーとフッター

　余白の上部部分をヘッダー、下部をフッターといい、全ページに通しで文字・記号・図を入れられます。
　例：会社ロゴ・社外秘・ページ番号

　偶数ページのページ番号をフッター左端、奇数ページを右端に設定しましょう。
　ヘッダー右端に「Confidential」 という文字をフォント 12pt、赤文字で入れましょう。

(1) ビジネス文書の概要

ビジネス文書とは、企業や団体が業務で扱う文書のことです。紙媒体はもちろん、電子メールも含まれます。

作成したのは個人であっても、発信されれば会社や組織の公式文書として扱われ、その文書に対する評価がビジネスに大きな影響を及ぼします。

(2) ビジネス文書の役割

① →業務情報は、関係者に対し正確な伝達が必要です。「話しことば」での伝達は、言い違い、聞き違い、不明瞭な記憶、証拠が頼らない、など様々な問題が起きがちです。そこで文書化することにより、情報を正確に多くの人に伝達することができ、さらに「確認」や「保存」が可能になるのです。発信番号・日付

文書番号付与のルールは会社ごとに定められているのでそのルールにしたがって番号を振る。発信番号を省略する場合もあるが、付与の目的としては「発信文書の管理」「文書改ざん防止」「正式文書としての信頼性」が挙げられる。番号が右肩で揃うようインデントで調整する。

日付は文書番号と同じ位置に来るようインデントで位置を揃える。自動入力され る日付＝作成日ではなく、発信日を入力する。

西暦や和暦か、会社の方針に従う。官公庁は和暦で統一されているので官公庁向け文書は和暦を利用することも多い。

② →受信者名

左揃えで入力する。また、次の点に注意する。

→会社名は正式名称を用いる。株式会社を(株)などとしない。これは郵便の宛名書きの際も同じ。

→原則、役職名と個人名を併記する。前ページを参照の上、適切な敬称を用いること。受信者名が分からない場合は「総務部長様」などとする。

③ →発信者名・印

発信者は原則として所属長とするが、宛名の役職とのバランスを考慮する場合もある。組織名が1行で入る位置にインデントで調整する。

発信者印は、会社所定の社印が象を押印する。ない場合には認印を押印する。日付印は用いない。

【社印だけを押す場合】会社名のすぐ後ろ又は、会社名の後半にかかるようにする。

【社印と職印を押す場合】社員は会社名の真ん中又は、やや右寄りに押し、職印は不正使用を避けるため、名前の最後の文字にかかるようにする。

④ →表題

発信者の下に一行程度空けて中央揃えで入力する。次の点に注意。

→文書の趣旨が分かりやすい簡潔な表現にする。

→本文より大きなフォントを利用。さらに太字、アンダーライン付にすることが多い

→文字数は20字以内が好ましい。

→社外向けの文書である場合は「〜のご案内」のように丁寧な表現にする。

⑤ →本文

表題の下に1行程度空けて入力する。

【前文】「拝啓」などの頭語を入力。頭語は字下げせず、左端に揃えて書き始める。頭語の後一文字分空けて時候の挨拶、安否の挨拶、感謝の挨拶を入れる。テンプレートを利用すると良い。

【主文】前文の後改行し一文字分字下げして「さて」「この度は」などという書き出しで要件の主旨を簡潔に入力。

【末文】主文の最後に改行し、「〜お願い申し上げます」といった文章で締めくくる。

【結語】頭語に対応する「敬具」などの結語を右揃えで入れる。

⑥ →記書き

主文の下に1行ないし2行空けて、「記」と中央揃えで入力する。

「記」の下に1行空けは、箇条書きで必要項目を左揃えで入力する。

→必要項目の具体的な内容を「簡潔」「正確」もれなく」入力する。

→添付資料など補足的な情報を追加するときは、箇条書きの下に一行程度空けて入力する。

⑦ →担当者

最後に、担当者と連絡先を入力し、内容が1行で入る右端位置にインデントで調整する。

先方の問い合わせ便宜を考慮し部署名・氏名・内線番号・メールアドレスなどを入れる。

• (3) ビジネス文書の種類

ビジネス文書は大きく分けて社内文書と社外文書に分けることができます。社内文書は、社内で発行する文書で社内向けの伝達事項に使用します。

社外文書は、取引先などの外部に向かって発信し、企業の意向を表します。同じビジネス文書であっても、社内文書と社外文書では目的や役割に大きな違いがあり、形式や文書表現なども異なります。

その他、契約書や覚書のような法律文書と呼ばれるものも、ビジネス文書に含まれます。

第 3 章

効率的な表作成

01 表の構成と選択

■ 表の構成

　表は行と列とで構成されるマス目の集まりです。行は表の横方向を指します。
　列は、表の縦方向を指します。そしてマス目一つひとつのことをセルといいます。　セルには、文字のほか、数字や画像も入れることができます。

	列	
セル		

行		

■ 表の挿入
「挿入」タブの「表」をクリックし、必要な行数と列数をドラッグして決定します。

■ 表ツールタブの表示
　表内をクリックします。表が選択されていると「テーブルデザイン」と「レイアウト」のタブが表示されます。

■ 表の各部の選択

行の選択

　選択したい行の左側でマウスポインタの形状が左に傾いた状態になったらクリックします。複数行選択する場合は、選択したい行の左側をドラッグします。

列の選択

　選択したい列の上側でマウスポインタの形状が黒色下向きになったらクリックします。複数列選択する場合は、選択したい列の上側をドラッグします。

セルの選択

　選択したいセルの左下でマウスポインタの形状が左に傾いた状態になったらクリックします。複数セルを選択する場合は、選択したいセルをドラッグします。

表全体の選択

　表の左上の 田 をクリックします。

02 表の挿入

データをわかりやすく、見やすくするための手段として表があります。ビジネス文書には表が欠かせません。ここでは、Word を使った効率的な表作成について確認しましょう。

1．表から作成し、文字を入力する方法

① 表を挿入する位置にカーソルを移動する
（今回は 21 行目、新製品一覧の次の行）

② 「挿入」をクリックする

③ ドロップダウンメニューが表示される

④ 必要なマス目をドラッグする
（今回は 2 行 2 列）

⑤ 表が挿入された

2．既存の文字列を表にする方法

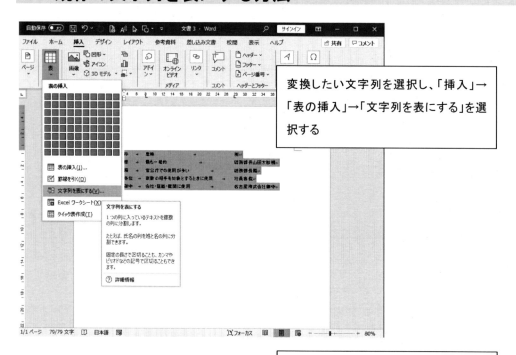

変換したい文字列を選択し、「挿入」→「表の挿入」→「文字列を表にする」を選択する

適した行数・列数を入力する
（今回は3列5行）

文字列を表にする	?	×

表のサイズ

列数(C): 3

行数(R): 5

自動調整のオプション

◉ 列の幅を固定する(W): 自動

◯ 文字列の幅に合わせる(F)

◯ ウィンドウ サイズに合わせる(D)

文字列の区切り

◯ 段落(P)　◯ カンマ(M)

◉ タブ(T)　◯ その他(O): -

OK　キャンセル

文字列が表になったことを確認しましょう。

03 行、列の挿入と削除

1．行の挿入

表の左側をポイントすると、⊕行挿入ボタンが表示される	
行挿入ボタンをクリックする	
行が挿入された	

2．行の削除

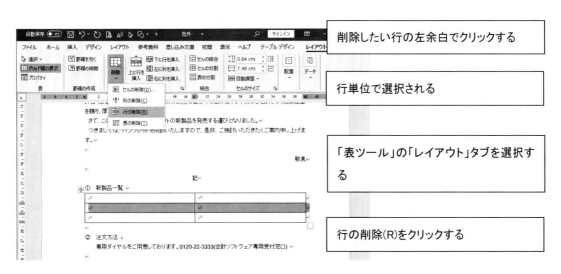

削除したい行の左余白でクリックする
行単位で選択される
「表ツール」の「レイアウト」タブを選択する
行の削除(R)をクリックする

行が削除された

TRY!

行の挿入をして3行にしてみましょう。

3．列の挿入

列の境界線の上部にポイントする

列挿入ボタンが表示される

列挿入ボタンをクリックする

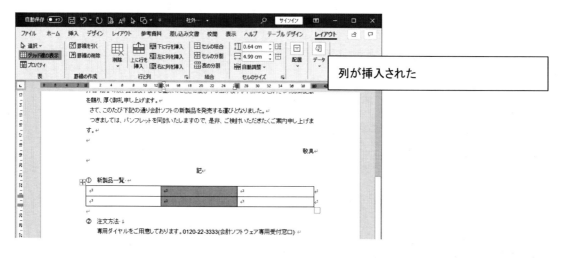

列が挿入された

４．列の削除

【リボンからの削除】

「表ツール」-「レイアウト」タブからの削除

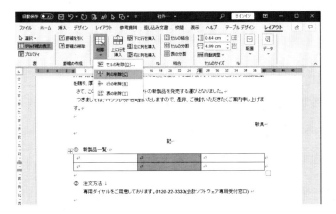

【ミニツールバーからの削除】

範囲選択すると表示されるミニツールバーからの削除

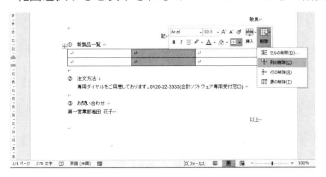

【ショートカットメニューからの削除】

範囲選択し、右クリックすると表示されるショートカットメニューからの削除

04 セルの結合と分割

1．セルの結合

セルの結合とは、セルとセルをくっつけて、１つのセルにすることです。

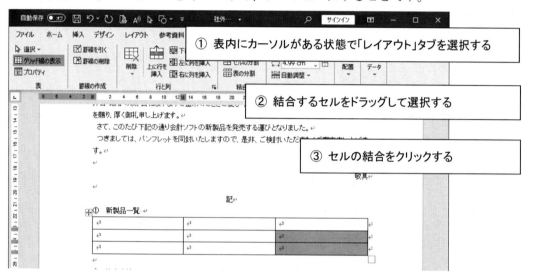

① 表内にカーソルがある状態で「レイアウト」タブを選択する

② 結合するセルをドラッグして選択する

③ セルの結合をクリックする

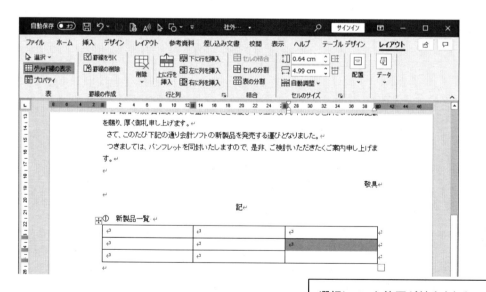

選択していた範囲が結合された

2．セルの分割

1つのセルを複数セルに分けることもできます。

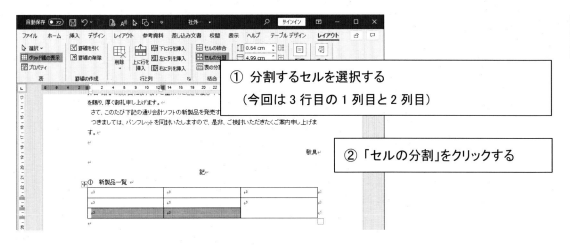

① 分割するセルを選択する
（今回は3行目の1列目と2列目）

② 「セルの分割」をクリックする

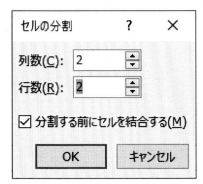

① 「セルの分割」ダイアログボックスが表示される

② 列数と行数を指定する(今回は2列2行)

③ OK ボタンをクリックする

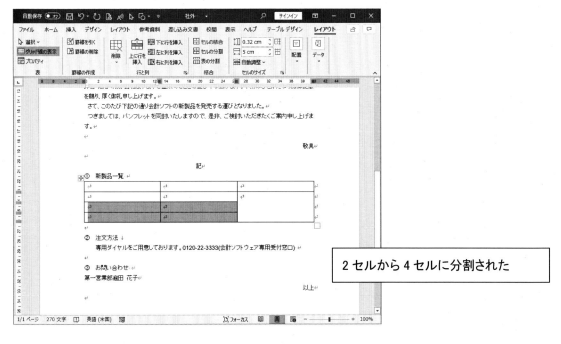

2 セルから 4 セルに分割された

OnePoint

その他の結合と分割方法

【罫線の削除ボタンからの結合】

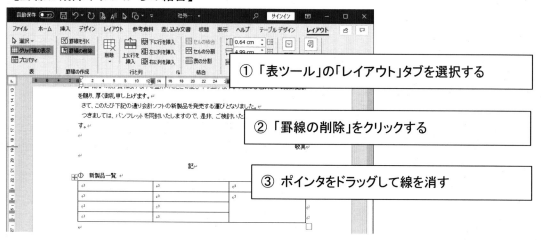

① 「表ツール」の「レイアウト」タブを選択する

② 「罫線の削除」をクリックする

③ ポインタをドラッグして線を消す

【罫線を引くボタンからの分割】

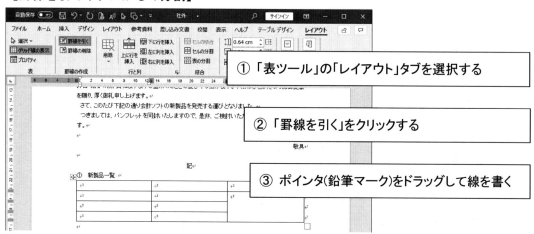

① 「表ツール」の「レイアウト」タブを選択する

② 「罫線を引く」をクリックする

③ ポインタ(鉛筆マーク)をドラッグして線を書く

05 表内への文字入力

表内に文字を入力するには、入力するセルにカーソルを置きます。

表内でのカーソル移動は下記の手順です。

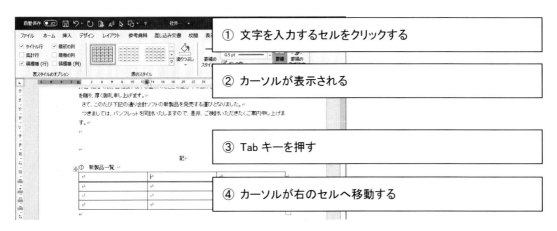

① 文字を入力するセルをクリックする

② カーソルが表示される

③ Tab キーを押す

④ カーソルが右のセルへ移動する

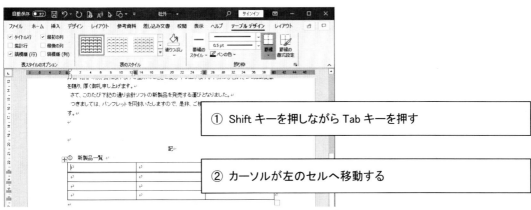

① Shift キーを押しながら Tab キーを押す

② カーソルが左のセルへ移動する

① ↓キーを押す

② カーソルが下のセルへ移動する。その他矢印キーでも上下左右に移動する

TRY!

下図のように表内に文字を入力しましょう。

商品名	価格	説明
仕分け人	150,000 円	仕分け業務
お任せ給与処理	250,000 円	
	200,000 円	

TRY!

下図のようにセルを分割・結合して文字を追加入力しましょう。

商品名		価格	説明
仕分け人		150,000 円	仕分け業務
お任せ給与処理	LAN 版	250,000 円	給与処理システム
	パッケージ版	200,000 円	

06 線種の変更

Word では、作成した表の線の種類を簡単に変えることが可能です。二重線や破線を効果的に使うことで、メリハリのある表にすることができます。

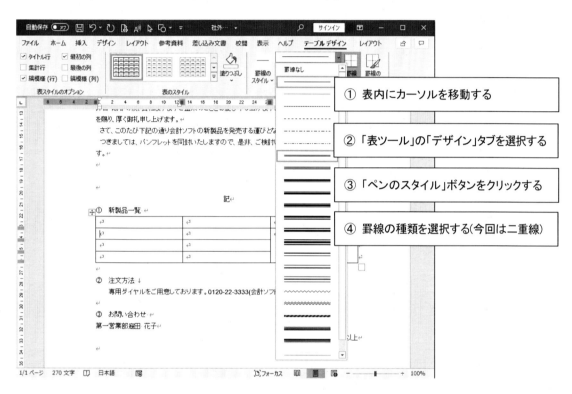

① 表内にカーソルを移動する

② 「表ツール」の「デザイン」タブを選択する

③ 「ペンのスタイル」ボタンをクリックする

④ 罫線の種類を選択する(今回は二重線)

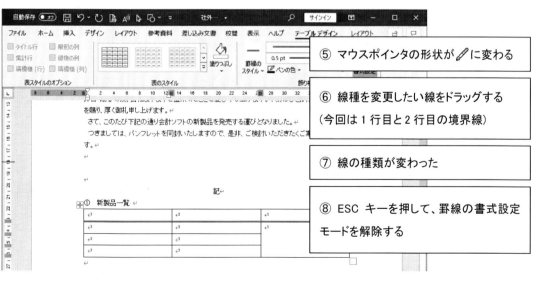

⑤ マウスポインタの形状が ✏ に変わる

⑥ 線種を変更したい線をドラッグする
(今回は 1 行目と 2 行目の境界線)

⑦ 線の種類が変わった

⑧ ESC キーを押して、罫線の書式設定モードを解除する

TRY!

下図のように線種を変更しましょう。

商品名		価格	説明
仕分け人		150,000 円	仕分け業務
お任せ給与処理	LAN 版	250,000 円	給与処理システム
	パッケージ版	200,000 円	

07 レイアウトの調整

セル内での文字の配置を変更します。

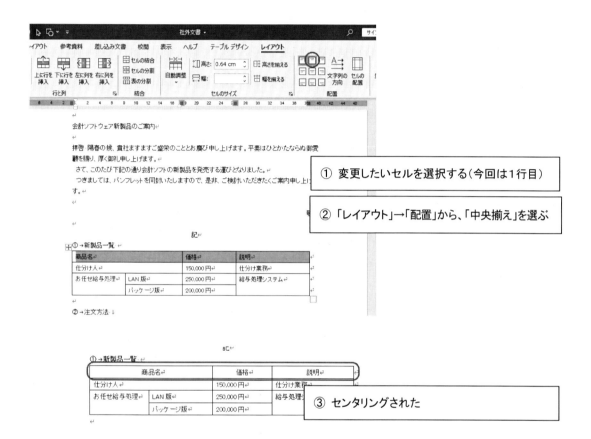

① 変更したいセルを選択する（今回は1行目）

② 「レイアウト」→「配置」から、「中央揃え」を選ぶ

③ センタリングされた

TRY!

値段のセルを右揃えにしてみよう

①→新製品一覧			
商品名		価格	説明
仕分け人		150,000 円	仕分け業務
お任せ給与処理	LAN 版	250,000 円	給与処理システム
	パッケージ版	200,000 円	

08 行の高さ・列幅の変更

表全体のサイズは変更せずドラッグした境界線の左右の列幅を変更できます。また、表右下にあるサイズ変更ハンドルでドラッグすると、表全体のサイズが変更できます。

1．サイズ変更

商品名		価格	説明
仕分け人		150,000 円	仕分け業務
お任せ給与処理	LAN 版	250,000 円	給
	パッケージ版	200,000 円	

① 列幅を変更する右側の線にポイントする

② ポインタの形状が変わったところでドラッグして列幅を調整する

商品名		価格	説明
仕分け人		150,000 円	仕分け業務
お任せ給与処理	LAN 版	250,000 円	給与処理システム
	パッケージ版	200,000 円	

ポインタを右下に持っていくと「＋」の形になり、ドラッグでサイズを変更できる

2．ウィンドウ幅に合わせる

表内にカーソルがある場合に現れるタブの「レイアウト」→「セルのサイズ」より、列幅・行の高さを自動的に文字列／ウィンドウ幅に合わせる「自動調整」ができたり、「高さ」・「幅」の数値を手入力で変更したり、均等にそろえたりすることができます。

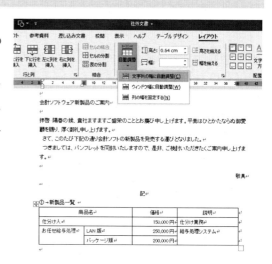

09 テーブルデザインの活用

Word には色鮮やかで、様々なビジネスの目的に合った多数の表のデザインがあらかじめ用意されています。目的に合わせたデザインを利用してみましょう。

商品名		価格	説明
仕分け人		150,000 円	仕分け業務
お任せ給与処理	LAN 版	250,000 円	給与処理システム
	パッケージ版	200,000 円	

商品名		価格	説明
仕分け人		150,000 円	仕分け業務
お任せ給与処理	LAN 版	250,000 円	給与処理システム
	パッケージ版	200,000 円	

※ テーブルデザインを適用した後、好みのデザインを加えることも可能です。

※ 請求書などは印刷した時の印象も考慮しましょう。

第 4 章

レイアウトの工夫

01 ビジネス文書作成の目的

　ビジネス文書を作成する目的は様々ですが、いずれにしても重要なことは「読む人にとって分かりやすい文書」であることです。そのために書式設定やレイアウトを工夫する必要があります。それは、単にきれいに見せるためではなく、読み手に対し、文書をナビゲートするための配慮なのです。

　ここでは、別のファイルとして保存されている文書を挿入し、視覚的に見やすいレイアウトにしてみましょう。

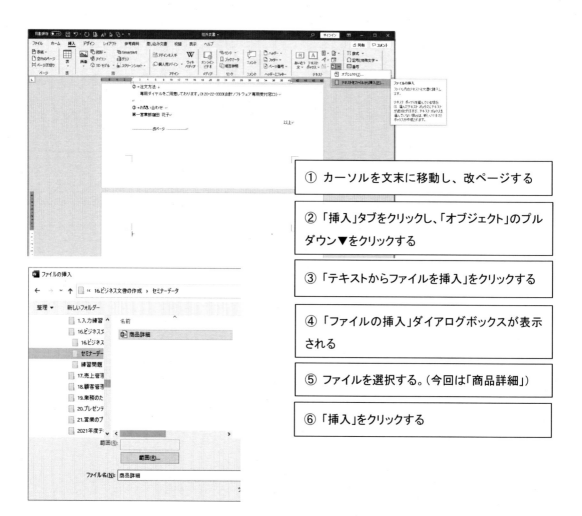

① カーソルを文末に移動し、改ページする

②「挿入」タブをクリックし、「オブジェクト」のプルダウン▼をクリックする

③「テキストからファイルを挿入」をクリックする

④「ファイルの挿入」ダイアログボックスが表示される

⑤ ファイルを選択する。（今回は「商品詳細」）

⑥「挿入」をクリックする

02 スタイルの作成と利用・目次

Word では様々な書式を設定し、それをスタイルとして登録しておけば、その後はクリック1つで同じ書式を一括指定できます。今回は「小見出し」というスタイルを作成して、それを利用してみましょう。

1．スタイルの新規作成

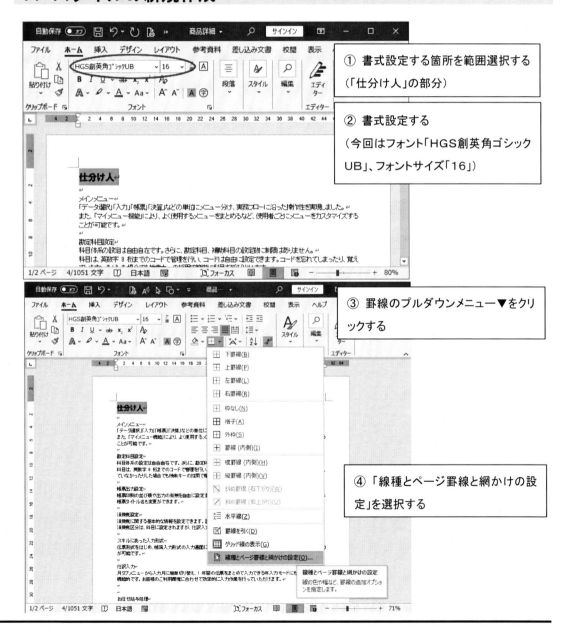

① 書式設定する箇所を範囲選択する（「仕分け人」の部分）

② 書式設定する（今回はフォント「HGS創英角ゴシックUB」、フォントサイズ「16」）

③ 罫線のプルダウンメニュー▼をクリックする

④ 「線種とページ罫線と網かけの設定」を選択する

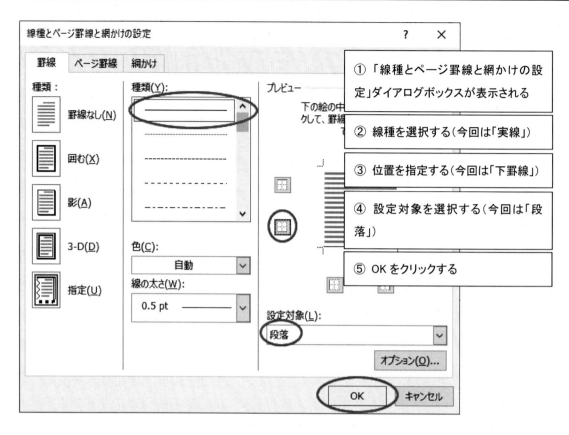

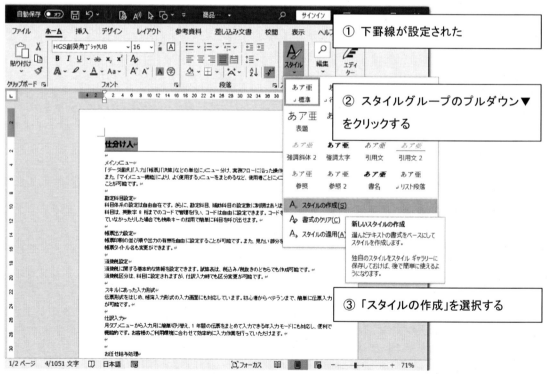

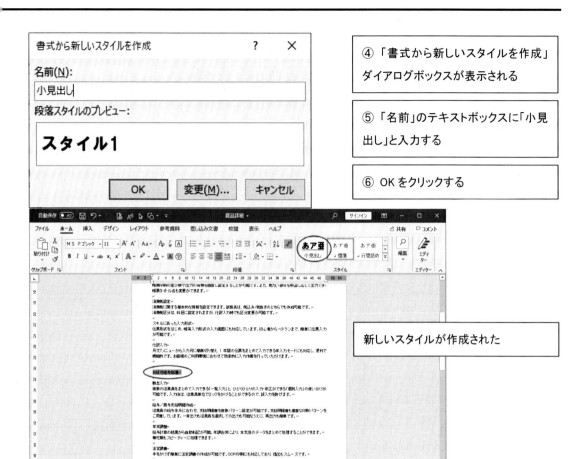

④ 「書式から新しいスタイルを作成」
ダイアログボックスが表示される

⑤ 「名前」のテキストボックスに「小見
出し」と入力する

⑥ OK をクリックする

新しいスタイルが作成された

これで新しいスタイルが作成され、同じスタイルを適用する他の部分に対し複数回の設定
を行わなくてもよくなります。

２．スタイルの利用

スタイルを適用する範囲を選択する
（今回は「お任せ給与処理」）

3．スタイルの書式変更

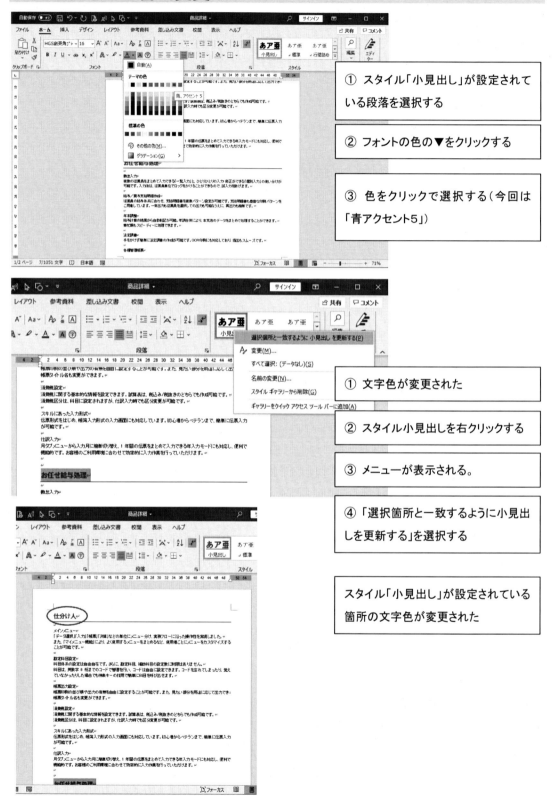

① スタイル「小見出し」が設定されている段落を選択する

② フォントの色の▼をクリックする

③ 色をクリックで選択する（今回は「青アクセント5」）

① 文字色が変更された

② スタイル小見出しを右クリックする

③ メニューが表示される。

④「選択箇所と一致するように小見出しを更新する」を選択する

スタイル「小見出し」が設定されている箇所の文字色が変更された

第 5 章

差し込み印刷

01 Excel データを差し込む

　お知らせや案内状など、同じ文面を宛先だけ変えて作成したい際に便利なのが、差し込み印刷という機能です。差し込むデータは Word でも作成が可能ですし、Excel など別アプリケーションのデータでも可能です。

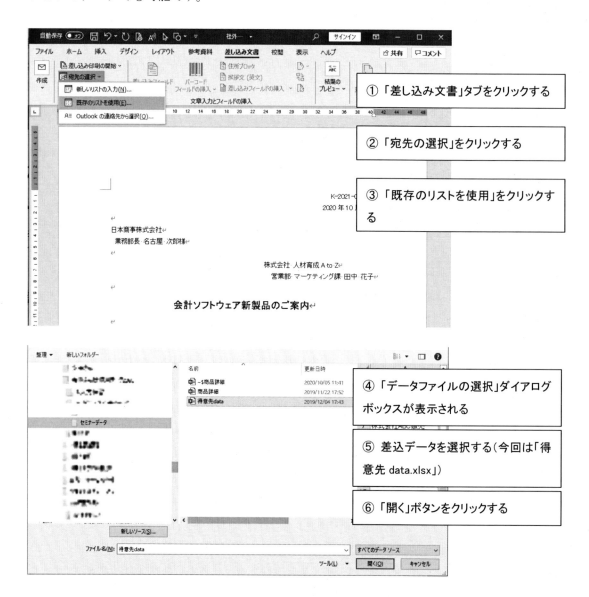

① 「差し込み文書」タブをクリックする

② 「宛先の選択」をクリックする

③ 「既存のリストを使用」をクリックする

④ 「データファイルの選択」ダイアログボックスが表示される

⑤ 差込データを選択する（今回は「得意先 data.xlsx」）

⑥ 「開く」ボタンをクリックする

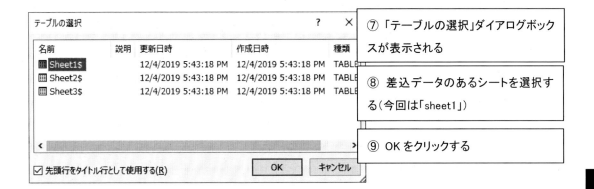

⑦ 「テーブルの選択」ダイアログボックスが表示される

⑧ 差込データのあるシートを選択する（今回は「sheet1」）

⑨ OK をクリックする

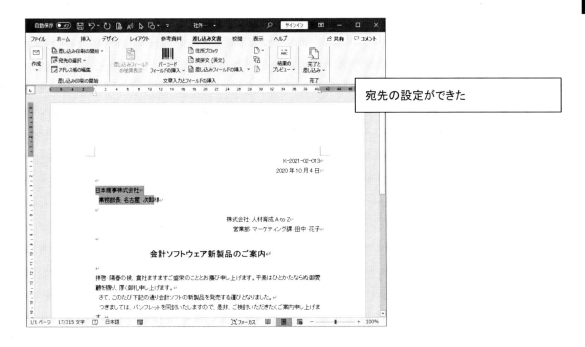

宛先の設定ができた

02　差し込みフィールドの挿入

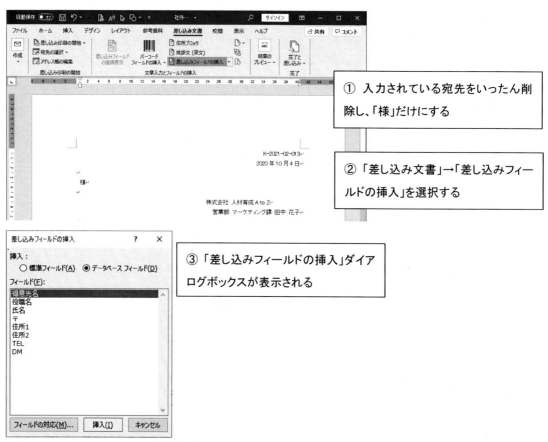

① 入力されている宛先をいったん削除し、「様」だけにする

② 「差し込み文書」→「差し込みフィールドの挿入」を選択する

③ 「差し込みフィールドの挿入」ダイアログボックスが表示される

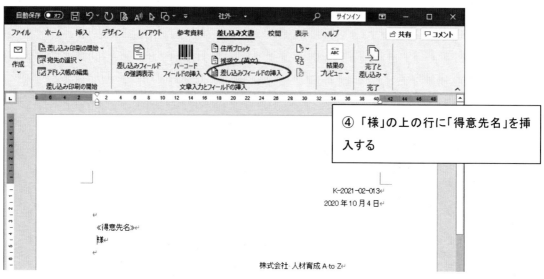

④ 「様」の上の行に「得意先名」を挿入する

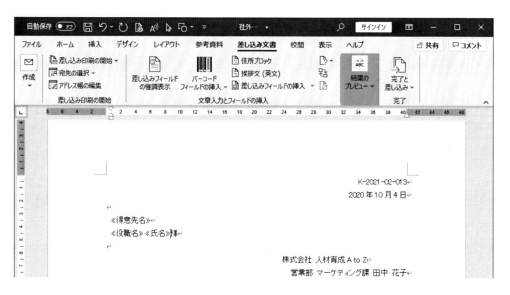

03 プレビュー

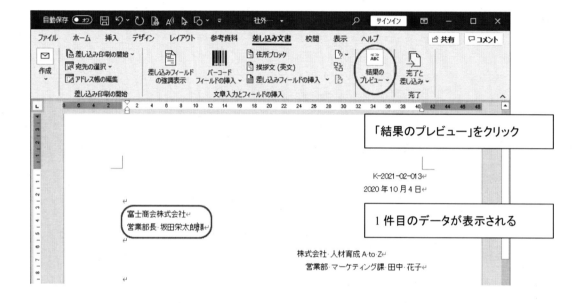

「結果のプレビュー」をクリック

1 件目のデータが表示される

04 レコードの移動

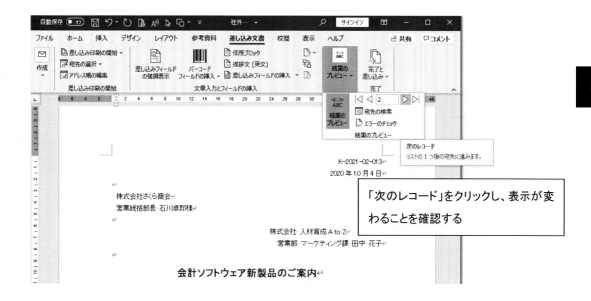

「次のレコード」をクリックし、表示が変わることを確認する

05　レコードの追加

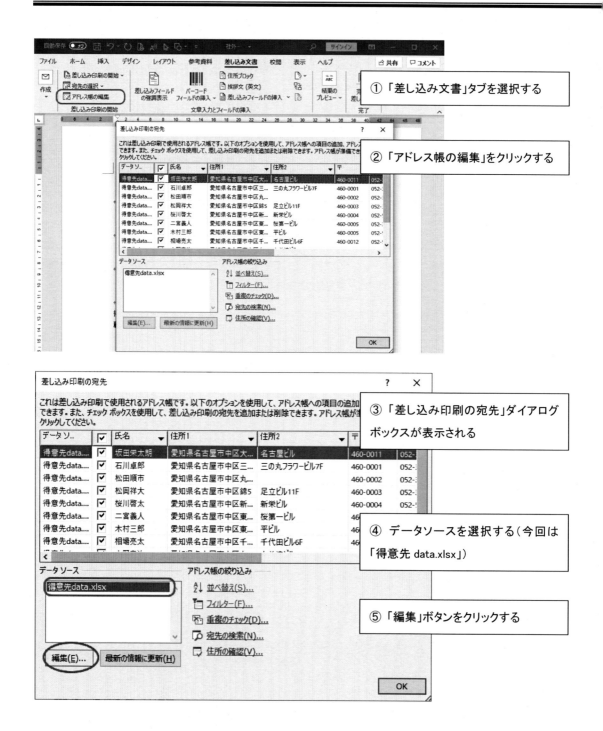

① 「差し込み文書」タブを選択する

② 「アドレス帳の編集」をクリックする

③ 「差し込み印刷の宛先」ダイアログボックスが表示される

④ データソースを選択する（今回は「得意先 data.xlsx」）

⑤ 「編集」ボタンをクリックする

⑥「データソースの編集」ダイアログボックスが表示される

⑦「新しいエントリ」ボタンをクリックする

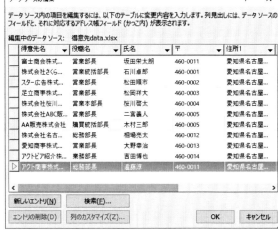

「はい」をクリックする

データが追加されていることを確認し、OKをクリックする

06 レコードのフィルタリング

指定したデータファイルの中から、条件に合ったレコードのみに絞り込むことができます。

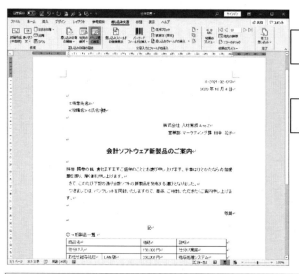

① 「差し込み文書」タブを選択する

② 「アドレス帳の編集」を選択する

③ 「差し込み文書の宛先」ダイアログ
ボックスが表示される

④ 「フィルター」を選択する

⑤ 「フィルターと並べ替え」ダイアログ
ボックスが表示される

⑥ 「フィールド」のプルダウンからフィ
ルタリングするフィールドを選択する
（今回は「DM」）

⑦ 「条件」を選択する（今回は「が値と等しい」）

⑧ 「値」を設定する（今回は「YES」）

⑨ OK をクリックする

「DM」が「YES」のレコードのみに絞り込まれた

差し込まれているレコードが減ったことを確認できる

絞り込み前

絞り込み後

著者紹介

古川 直子（ふるかわ なおこ）

オフィスプライム 代表

愛知大学文学部文学科卒、中国文学専修。北京第二外語学院語学研修科修了。

HSK8 級所持、二十年以上の中国語と日本語、英語と日本語の通訳、翻訳歴あり。

一方、IT 技術者として新入社員教育と現場作業従事者の技能研修、安全教育に携わる。

近年は新入社員への語学教育や、中堅社員の英語でのプレゼンテーション指導、

また、外国人技能実習生への日本語教育にも積極的に力を入れている。

職業訓練法人Ｈ＆Ａ　ビジネス文書作成実習

2021年4月1日　　初版発行
2023年4月1日　　第二版発行

著 者　古川 直子

発行所　　職業訓練法人Ｈ＆Ａ
〒472-0023 愛知県知立市西町妻向14-1
TEL 0566(70)7766
FAX 0566(70)7765

発 売　　株式会社 三惠社
〒462-0056 愛知県名古屋市北区中丸町2-24-1
TEL 052(915)5211
FAX 052(915)5019
URL http://www.sankeisha.com

ISBN978-4-86693-416-7